PÉTITION

DE SEPT HABITANS

DE LA COMMUNE DE COURCELLES,

CANTON DE VARZY, DÉPARTEMENT DE LA NIÈVRE,

ADRESSÉE

A MM. LES PRÉSIDENT
ET MEMBRES DE LA CHAMBRE DES DÉPUTÉS.

PAR J. A. F. ALLIX,

LIEUTENANT-GÉNÉRAL DES ARMÉES DU ROI, ETC.,

FONDÉ DE POUVOIR DESDITS SEPT INDIVIDUS.

Paris. —Imprimerie d'HERHAN, rue Saint-Denis, n. 580.

PÉTITION

DÉ SEPT HABITANS

DE LA COMMUNE DE COURCELLES,

CANTON DE VARZY, DÉPARTEMENT DE LA NIÈVRE,

ADRESSÉE

À

MM. LES PRÉSIDENT
ET MEMBRES DE LA CHAMBRE DES DÉPUTÉS.

Par J. A. F. Allix,

LIEUTENANT-GÉNÉRAL DES ARMÉES DU ROI, ETC.,

FONDÉ DE POUVOIR DESDITS SEPT INDIVIDUS.

———— ❖ ————

Usquequò *tandem, Catilina, abutere*
patientiâ nostrâ.

MESSIEURS,

Je vous annonçais dans la pétition que j'ai eu
l'honneur de vous adresser hier relativement à
l'élection de M. Dupin aîné, élection dont je vous
ai demandé l'annulation, que je vous adresserais
celle-ci en faveur de sept habitans de mon village,

I

dont cinq sont attachés à mon service comme vignerons ou comme domestiques de labour.

Cette pétition a pour but et pour objet de vous prier, Messieurs, de provoquer une loi qui nous dispense d'avoir recours au conseil d'état pour en obtenir l'autorisation de poursuivre devant les tribunaux les fonctionnaires publics prévaricateurs, usage abusif et souvenir de la constitution de l'an viii et que ni la charte de 1814, ni celle de 1830, qui, sans doute, sera une vérité, n'ont point sanctionné.

Pour motiver devant vous, Messieurs, la demande que je forme, j'aurai nécessairement besoin d'entrer dans de nombreux détails; mais ces détails mêmes et les faits relatifs à la question qui m'occupe sont si nombreux que je ne puis en omettre aucun sans trahir la cause de mes malheureux domestiques, incendiés en 1823, et dépouillés des bienfaits de la commisération publique par un abus du pouvoir administratif, qui, sans doute, n'a jamais eu d'exemple en France, même sous l'empire de la restauration et du jésuitisme, ailleurs que dans le hameau que j'habite. Ayez donc, Messieurs, la bonté de me lire tout entier et de bien réfléchir sur chacun des faits qui servent de motifs à la pétition que j'ai l'honneur de vous adresser.

C'est contre M. Dupin père, sous-préfet de Clamecy avant juillet 1830 et depuis juillet 1815, que cette pétition est dirigée. Si vous validez l'élection de son fils, le père aura un défenseur naturel à la chambre; j'espère aussi que mes domestiques y en trouveront également. J'expose les faits:

Au mois de mai 1823, un incendie éclata pendant la nuit dans le hameau de Chivre. Cet incendie fut si rapide que les propriétaires des sept maisons incendiées eurent beaucoup de peine à sauver leurs personnes et celles de leur famille : tout périt, tout fut la proie des flammes.

La bienfaisance publique vint au secours de ces sept familles, et elle leur assura les bienfaits suivans :

1° Le conseil municipal de la commune leur accorda deux cent trois pieds d'arbres, nature de chêne, à prendre dans les bois de la commune. La délivrance en fut faite au maire de Courcelles, par l'agent forestier de l'arrondissement de Clamecy, pour être distribués aux incendiés, d'après un état dressé par l'architecte Louzon, et en raison des besoins de chaque incendié.

2° On parvint à réunir une somme d'argent d'environ 2,000 francs qui furent déposés dans la caisse municipale, et qui, comme les arbres, devaient être distribués à chaque incendié en raison des pertes de chacun.

3° Les habitans de la commune qui ne purent concourir par des moyens pécuniaires aux secours accordés, y concoururent par des travaux manuels, accordés volontairement : travaux qui ont été estimés être de la valeur de 450 francs. D'autres personnes y concoururent encore par la fourniture de matériaux de construction, comme tuiles, chaux, briques, carreaux.

Tous ces secours réunis ont été estimés être d'une valeur de 13,500 francs environ.

Toutes ces valeurs appartenaient bien aux sept familles incendiées, car rien ne nous appartient mieux que ce qui nous a été donné. Il n'en est pas moins vrai que ces valeurs ne sont pas arrivées à leur destination. Vous ne croyez pas sans doute ce que je viens d'affirmer : vous ne devez pas croire la chose possible. Patience, Messieurs, et vous allez voir tout-à-l'heure que ce que vous croyez impossible n'en est pas moins arrivé : *ab actu ad possibile valet conclusio.*

M. Dupin père fesait à la même époque construire dans le même village une maison, que ses trois fils ont depuis appelée la MODESTE campagne de leur EXCELLENT père. Cette construction avait lieu sous la direction d'un sieur Delangle, architecte à Varzy et entrepreneur banal de M. le sous-préfet pour les travaux publics de la sous-préfecture.

Indépendamment de la maison de M. Dupin, Delangle avait encore quatre ou cinq autres entreprises dans les communes voisines comme à Colmeri, à Chevannes-les-Godeaux, etc.

Or, encore et à la même époque, M. Dupin cède par un marché, sous signature privée, marché clandestin, sans date fixe, et qui a pu être fait après coup, selon les besoins de la cause dont j'aurai tout-à-l'heure l'occasion de vous occuper ; M. Dupin père, dis-je, cède à Delangle, par ce marché que j'appellerai FRAUDULEUX, faute d'un autre mot que notre langue ne me fournit point; il cède, dis-je encore une fois, à son architecte Delangle, les 13,500 francs de valeurs réelles qui n'appartenaient point à M. Dupin, mais exclusivement aux sept familles incendiées, et que le maire de Courcelles aurait dû leur faire distribuer en raison des pertes que chaque famille avait éprouvée, et d'après l'évaluation de ces mêmes pertes faite par les soins de la mairie et du conseil municipal.

Il fallait bien que M. Dupin père, et alors sous-préfet, donnât un prétexte quelconque à ce marché spoliateur, marché qui n'a jamais été connu des incendiés, qui a été fait et passé sans leur approbation et à leur insu: la condition imposée à Delangle fut donc qu'il reconstruirait, non toutes les maisons incendiées, mais seulement le tiers ou le quart environ desdites maisons.

La première question qui se présente ici est de savoir de quel droit M. Dupin père, quoique sous-préfet, s'est établi lui-même le mandataire des incendiés; de quel droit il a ordonné au maire de Courcelles de délivrer à Delangle les valeurs que le maire de Courcelles, qui en était le dépositaire, ne devait délivrer qu'aux incendiés eux-mêmes, selon la volonté des bienfaiteurs, et, ce qui est encore bien plus puissant, selon le simple bon sens et la nature des choses.

Je passe outre, Messieurs, et je vous prie de ne pas perdre de vue un seul instant que les valeurs appartenant aux incendiés s'élevaient à la somme de 13,500 fr. environ.

Or, il a été constaté, dans les formes de droit les plus rigoureuses, que Delangle n'a dépensé que 1,300 fr. environ pour les reconstructions partielles qu'il a faites des maisons incendiées, et qu'au lieu d'y employer les deux cent trois arbres coupés dans les bois de Courcelles, il n'a employé qu'environ vingt-six pièces de charpente, qui ne représentent pas en tout au-delà de quinze arbres. Il y a donc un déficit réel de cent quatre-vingt-huit arbres, dont chacun valait au moins 50 francs.

Et comme si le marché clandestin de M. Dupin avec Delangle n'avait pas été assez avantageux à celui-ci, l'administration a souffert que Delangle coupât dix arbres à son choix, et à son profit, dans les bois de Courcelles ; c'est un fait incontestable, et je puis certifier que de tels arbres ne peuvent s'estimer moins que 100 francs l'un.

La perte éprouvée par les incendiés, par suite du marché clandestin passé entre M. Dupin père et Delangle, à l'insu des incendiés, et contre leurs intérêts, ne peut s'évaluer à moins de 12,000 fr. Le fait a été constaté dans les formes légales, et il ne lui manque plus pour devenir un fait authentique que d'être constaté par autorité de justice ; mais les incendiés ont été arrêtés sur le seuil de la porte de la justice, comme vous le verrez, Messieurs, par l'arrêt de la cour de Bourges, dont je vous adresse ci-joint une copie authentique.

Avant de discuter devant vous cet arrêt, permettez-moi, je vous prie, de reprendre les faits et de vous les exposer dès l'origine même du procès.

Vous savez tous, Messieurs, que mon nom, ou un nom à peu près semblable au mien, fut compris dans l'ordonnance du 24 juillet 1815, et j'en ai subi toutes les conséquences, et dans toutes leurs rigueurs. Et je commence par vous dire que M. Dupin père s'était fait nommer sous-préfet de Clamecy, dont j'habite l'arrondissement, immédiatement après la seconde restauration, aux premiers jours de juillet 1815.

J'ajoute que M. Dupin père a sa propriété rurale dans le même village où se trouve la propriété de mes enfans, sur laquelle j'habite; et pour me servir d'une vérité morale, exprimée par la Dixmerie dans ses charmans *Contes philosophiques*, NOUS SOMMES TROP VOISINS, LE PÈRE DUPIN ET MOI, POUR ÊTRE AMIS.

Je n'ai point de preuves matérielles à vous offrir que ce soit M. Dupin père qui ait envoyé mon nom au rédacteur de la liste de proscriptions de l'ordonnance du 24 juillet 1815; mais à défaut de preuves matérielles, j'en invoque d'autres, qui, en morale et en politique, et pour quiconque connaît le cœur humain ont non moins de puissance et non moins de valeur que des preuves matérielles.

La première de toutes est que M. Dupin père sollicita et obtint la sous-préfecture de Clamecy dans les premiers jours de juillet 1815, et qu'alors il y avait à Clamecy un comité contre-révolutionnaire, organisé à l'instar des comités de 93, et qui, nécessairement, agissait sous la direction d'une autorité administrative.

La seconde preuve morale, que c'est M. Dupin père et son comité contre-révolutionnaire qui
ont fourni mon nom sur la liste de proscription,
c'est que c'est lui qui m'a fait signifier vers le 20 octobre 1815 l'ordre de m'éloigner de mon domicile
ordinaire dans les vingt-quatre heures , à la distance
de quarante lieues de ce domicile. Par une grace
toute spéciale qu'il appelait de la bienveillance, le
père des trois fils Dupin me laissa le choix du département où j'aurais à fixer mon exil; je choisis
le département du Doubs, où résidait, près Guingey,
madame Le Maître, sœur de mon camarade Lepin
et mère d'un officier d'artillerie qui servait sous
mes ordres dans la campagne de 1812, et dont le
nom fut enregistré d'une manière ineffaçable sur
les champs de bataille de Valontina et de la Mos-
kowa en août et en septembre 1812.

Après être resté deux jours à Guingey, chez madame Le Maître, je me rendis à Besançon pour remettre au préfet de Doubs mon passe-port; il m'a-
vait été délivré par Dupin père ; le préfet du Doubs
était Capelle, l'un des signataires des ordonnances
du 25 juillet 1830. Je logeais à Besançon chez le
second des enfans de madame Le Maître, et à six
heures du matin, je fus arraché de mon lit par cinquante gendarmes et jeté dans la voiture du préfet
même, et conduit sous cette imposante escorte dans
les cachots de la citadelle de Besançon, d'où je ne
suis sorti que pour venir en janvier 1816, sous
l'escorte de la gendarmerie, dans les cachots de la
préfecture de police à Paris; j'y suis resté jusqu'au

6 février 1816, M. Decaze étant alors ministre de la police à Paris.

Rentré en France au commencement de 1819, je ne fus pas long-temps à m'apercevoir que j'étais soumis dans ma campagne à une surveillance inquisitoriale et vexatoire des autorités locales dont M. Dupin père était le chef dans l'arrondissement de Clamecy. Pour me soustraire à tant de vexations et à tant d'inquisitions, dont l'intérieur même de ma maison n'était pas exempt, je pris le parti d'aller établir mon domicile à Decize, même département de la Nièvre, en laissant toutefois chez moi ma femme et mes enfans. Je n'y pus trouver le repos que je cherchais, et après deux ans de séjour à Decize, et certain que j'étais que mon sort, loin de s'améliorer, malgré l'isolement absolu où je vivais dans la retraite volontaire que je m'étais choisie, s'était au contraire aggravé, je pris le parti de revenir dans ma famille, dont au moins je pouvais recevoir toutes les consolations dont j'avais besoin. Mon retour chez moi eut lieu au commencement d'octobre 1824.

Jusque là j'avais ignoré tout ce qui s'était passé à l'égard des incendiés, dont cinq étaient, ainsi que je l'ai dit plus haut, attachés à mon service. Ils me prièrent de m'intéresser à eux et de réclamer la justice qu'ils croyaient leur être due; et en effet, j'en écrivis le 18 octobre à M. le sous-préfet de Clamecy qui me répondit, *le 22 octobre, n'avoir aucune connaissance des faits dont je parlais dans ma lettre du 18,*

relativement à la destination donnée aux valeurs
appartenant aux incendiés.

Et le SOUS-PRÉFET AJOUTAIT : QU'IL ALLAIT PRENDRE
DES RENSEIGNEMENS A CET ÉGARD. Après plusieurs lettres
échangées sans résultat, de M. le sous-préfet et
moi, pendant les mois de novembre et décembre
1824 et janvier 1825, le sous-préfet m'écrivit enfin le 31 janvier 1825, et il me disait que les arbres
coupés dans la commune de Courcelles en 1824
l'avaient été par autorisation du ministère des finances, et le sous-préfet ajoutait que si je pensais
qu'il eût existé des abus ou des malversations, je
devais m'adresser à M. le procureur du roi de Clamecy. J'ai cru n'avoir rien à faire de mieux que de
suivre ce conseil, et dans une lettre du 1er février,
à M. le procureur du roi de Clamecy, je lui disais :
que l'enlèvement des bois destinés aux incendiés,
fait par le sieur Delangle, était un véritable VOL.
Mais le procureur du roi de Clamecy, au lieu d'informer sur ma demande, me poursuivit en police
correctionnelle. Je publiai pour ma défense plusieurs mémoires judiciaires. J'ai l'honneur de vous
remettre ci-joints plusieurs exemplaires de ces mémoires, qui contiennent les faits avec une scrupuleuse
exactitude.

Je vous prie, Messieurs, de remarquer que l'instance judiciaire fut remarquable par l'incident que
je vais vous signaler ici.

Pendant cette instance, les trois fils Dupin firent
insérer dans l'*Aristarque* et dans la *Quotidienne* une

lettre fort longue, dont la réfutation se trouve dans mon second mémoire. En 1817, M. Dupin aîné me dénonçait par *la Minerve* à l'opinion politique comme mauvais PARENT et mauvais AMI. Le rôle de MM. Dupin change en 1825 ; ils me dénoncent à l'opinion contre-révolutionnaire par les deux organes les plus accrédités de cette opinion, et finalement, après deux ans de procédure correctionnelle j'en fus quitte pour un mois d'emprisonnement et 100 fr. d'amende. Le jugement définitif est motivé sur ce que la vente, faite clandestinement par Dupin père au sieur Delangle des valeurs appartenant aux incendiés, n'était pas un VOL, mais simplement un fait INSOLITE. Il est évident que si feu Escobar avait rédigé lui-même ce jugement il n'aurait pu mieux faire.

Une autre circonstance très remarquable et qui mérite toute votre attention, Messieurs, se trouve dans le fait suivant dont vous êtes en position de vérifier toute l'exactitude, et à cet effet, je vous prie de vous rappeler que mes premières démarches près du sous-préfet de Clamecy, en faveur de mes domestiques, datent du mois d'octobre 1824.

En novembre, même année, un habitant de la Nièvre, dont je ne puis citer le nom parce que le ministère m'a constamment refusé une copie de la dénonciation dont je vais parler, vint à Paris, obtint du ministre Corbière une audience particulière, et lui fit la *révélation* suivante qu'il signa. Ce prétendu *révélateur* annonçait au ministère Corbière que de complicité avec moi et avec deux officiers de l'ancienne armée, dont il disait ne pas savoir les noms, il avait formé le complot d'assassiner le roi Charles X et toute sa famille, et qu'il en fesait la révélation par le repentir qu'il éprouvait d'avoir pris part à ce complot; et ce qui ajoutait à la vraisemblance de cette infamie, c'est que, dans le courant de novembre 1824, j'étais venu à Paris pour m'y faire traiter par le docteur Sellier demeurant à Paris, rue Saint-Honoré, n° 313, d'une cécité complète dont j'étais alors menacé. Le complot dont il s'agit aurait été formé dans mon cabinet et dans ma maison.

En conséquence le ministre Corbière me plaça sous la surveillance de tous les membres de l'administration, avec ordre de ne pas me perdre de vue une seule minute, et aussi de faire dans le plus grand secret une enquête administrative sur tout ce que j'avais fait et dit depuis mon retour en France, en janvier 1819.

Cette enquête eut en effet lieu en novembre et décembre 1824; mais comme tous les fonctionnaires publics de la Nièvre furent mis dans le secret, il se trouva un honnête homme qui m'apprit tout ce que je viens de vous raconter, et dont sont ensuite convenus avec moi le ministre Corbière, le directeur-général Franchet et la préfecture de la Nièvre.

L'enquête prouva que l'infame signataire de cette dénonciation n'était jamais venu chez moi, qu'on n'y avait jamais vu d'anciens militaires décorés, et que je vivais exactement seul au sein de ma famille.

Or, je vous prie de remarquer, Messieurs, qu'il ne fallait plus aux infames qui me persécutent dépuis dix-sept ans, qu'un seul faux témoin pour me faire couper le cou.

Par ce seul fait, dont les preuves existent dans les archives du ministère de l'intérieur et dans les bureaux de la préfecture de Nevers, et dans ceux de la sous-préfecture de Clamecy, et que vous êtes en position de vérifier, appréciez, appréciez tout ce que j'ai dû souffrir depuis douze ans. En outre, le procureur du roi de Clamecy m'a traduit cinq fois en police correctionnelle; de ces cinq procès j'en ai perdu deux qui m'ont coûté six semaines de prison et qui, malgré le respect dû à la chose jugée, n'en sont pas moins des jugemens d'une iniquité révoltante, et j'ai gagné les trois autres même devant les juges du jésuitisme.

Le procureur du roi de Clamecy, et alors que je subissais à Nevers un mois de prison, essaya encore une fois de me traduire, pour la sixième fois, en police correctionnelle; pour cette fois il échoua complètement, et il fut obligé de renoncer luimême à son infame tentative; mais l'intention était bien évidente et les mesures étaient bien prises pour me faire condamner à cinq années de détention. Vous allez en juger par le récit des faits qui sont judiciaires, et par conséquent authentiques.

Un habitant de mon village, nommé Louis-Claude Beuzon, me fit appeler à son lit de mort, et il me confia son testament olographe, par lequel

il me chargeait de la curatelle de deux enfans mi-
neurs qu'il avait, nés avant mariage, mais légale-
ment reconnus par un mariage subséquent, et de
protéger sa femme, alors enceinte, contre son
frère Louis Beuzon, maire du village, et le même
qui, par ordre de Dupin père, avait livré à Delangle les valeurs appartenant aux incendiés, et
dont j'ai donné l'état plus haut. Ce maire, le nommé
Simon Beuzon, était lui-même impliqué dans
dans les plaintes des incendiés pour avoir livré à
un tiers les valeurs qui n'appartenaient qu'à eux.
Ce Simon Beuzon n'avait jamais voulu reconnaître
le mariage de Louis-Claude Beuzon, son frère, et
encore moins la légitimité des deux enfans nés avant
mariage, mais légitimés par le mariage subséquent.
Si, comme le craignait Louis-Claude Beuzon son
frère, Simon parvenait à faire casser le mariage du
mourant, les enfans eussent été illégitimes et n'auraient eu aucun droit à la succession de leur père,
laquelle peut s'estimer de 12 à 15,000 francs. Le
testament de Louis-Claude Beuzon n'avait donc
d'autre but que de donner un protecteur à la veuve
et aux enfans. J'acceptai le mandat et je l'ai fidè-
lement exécuté, et la veuve et les enfans sont restés
en possession de la propriété patrimoniale.

Quelque temps après, et le jour même où j'appris ma condamnation à Nevers, la veuve Beuzon
fit ses couches; elle me fit appeler et elle me dit
qu'elle était accouchée avant terme, et que son enfant ne vivrait pas; en effet, il mourut la nuit

suivante ; je partais le lendemain pour Nevers, et j'allais m'y constituer prisonnier, et j'étais déjà à cheval lorsque j'appris la mort de l'enfant.

Après avoir fait préparer ma chambre à la prison, je fus faire une visite à M. le préfet de la Nièvre, chez qui je restai tout au plus trois minutes, et il ne fut question que de ces propos ordinaires de politesse en usage entre les gens qui savent vivre, et le soir même je me constituai prisonnier.

La cour d'assises ouvrit sa session ordinaire quelques jours après. Un M. Trumeau, marchand de bois à la Charité-sur-Loire, et un M. Thoulet, propriétaire à Entrain, étaient membres du jury et vinrent à la prison pour me voir. Le concierge leur dit qu'il fallait une permission du préfet ; le préfet les renvoie au procureur du roi, le procureur du roi les renvoie au préfet ; bref, il fallut quatre ou cinq jours pour qu'ils pussent obtenir la permission d'arriver jusqu'à moi (1), et pendant tous ces délais, voici exactement ce qui se passait dans mon village et entièrement à mon insu. Le procureur du roi de Clamecy, le juge d'instruction, deux chirurgiens, tous accompagnés de la gendarmerie de Clamecy, viennent dans le village, font exhumer l'enfant Beuzon, en font l'autopsie, la mère elle-même encore convalescente de ses couches laborieuses est forcée d'assister et d'être présente à cette autopsie, spectacle capable de faire mourir dix mères. Mais il s'agissait de constater que l'enfant n'avait pas été

(1) On me traitait comme si j'eusse été au secret, l'on va voir pourquoi.

assassiné d'un coup de couteau par son oncle Simon Beuzon, comme j'en avais porté plainte par écrit, selon le dire de je ne sais qui, à M. le préfet de la Nièvre.

Je vous laisse maintenant, Messieurs, faire vos réflexions et sonder la profondeur de la plaie! Je vous demande quelles peines m'eussent été réservées si le fait eût été vrai, ou si l'intrigue eût pu constater d'une manière quelconque que j'avais dénoncé Simon Beuzon comme assassin de l'enfant nouveau né ; toutes les recherches possibles ont eu lieu, et après tant de peines perdues, le procureur du roi de Clamecy ne put trouver aucun indice de culpabilité contre moi, pas plus que Corbière et Peyronnet, leur préfet, sous-préfet, procureur du roi, etc., n'en purent trouver pour constater le prétendu complot contre la vie de Charles x et de toute sa famille.

Ma pétition serait immense si j'entreprenais de vous raconter tout ce que j'ai eu à souffrir pour ma sûreté personnelle, et la sûreté de mes propriétés, pendant les seize ans de la restauration. Les faits que je vous cite et qui sont judiciaires, et par conséquent authentiques, suffisent pour vous faire bien comprendre tout ce qui a été tenté ténébreusement dans des souterrains à moi tout-à-fait inconnus, mais dont je n'en ai pas moins ressenti les effets; et je me résume en vous disant, Messieurs, que ma défense personnelle et la défense de la propriété de mes enfans absorbe, depuis seize ans, au-delà de ma solde militaire; que depuis seize ans l'on a fait quatre tentatives d'assassinat sur ma personne; que ces tentatives sont restées impunies, quoique les coupables soient bien connus; et que depuis seize ans M. Dupin père est sous-préfet de Clamecy où les tentatives ont eu lieu.

Je pense, Messieurs, que ce système doit avoir une fin. Je croyais que les glorieuses journées de juillet 1830 l'auraient amenée, et je le croirais encore, sans l'outrage sanglant que j'ai subi publiquement à Clamecy, et malgré une vie militaire, civile et politique sans reproches, dans la journée du 5 juillet dernier.

Les motifs qui purent dicter l'article de la constitution de l'an VIII qui a rendu *impunissables* tous les fonctionnaires publics sans une autorisation préalable du conseil d'état, n'existent plus et ne peuvent plus exister sous l'empire de la CHARTE-VÉRITÉ, où autrement tous les fonctionnaires publics ne sont plus que des petits tyrans, qui, selon l'expression de Salluste, ont le droit et le pouvoir de tout faire avec certitude d'impunité (1).

Messieurs, le procureur du roi de Clamecy, au lieu d'informer sur ma plainte du 1er février 1825, comme c'était bien certainement son devoir de le faire, m'ayant poursuivi comme calomniateur devant les tribunaux correctionnels, et n'ayant pas permis que je fusse admis à prouver les faits que j'avais allégués,

____

(1) Impune quælibet facere, id est regem esse.

SALLUSTE. *De Bell. Jug.*

2

et dont le ciel et la terre avaient été témoins; ayant encore obtenu du tribunal de Cosne une ordonnance de la chambre du conseil rendue sans informations préalables, sans m'appeler en cause, sans y appeler les incendiés, portant qu'il n'y avait pas lieu à poursuivre sur ma plainte du 1ᵉʳ février, les incendiés prirent le parti de former une action civile contre Dupin père et consorts en reddition de compte de l'emploi des valeurs dont ils avaient été dépouillés.

Dupin père et ses co-intimés soutinrent devant la cour de Bourges qu'ils avaient agi comme fonctionnaires publics, et qu'ainsi il ne pouvaient être poursuivis sans l'autorisation du conseil d'état. Il était évident cependant que le marché sous seing privé passé entre Dupin père et son architecte Delangle n'était point un acte administratif, mais bien dans la véritable acception du mot un acte privé. Si c'eût été un acte administratif, M. Dupin père aurait nécessairement rempli toutes les formalités prescrites par les lois; la vente eût été précédée d'annonces et d'affiches publiques. Or rien de tout cela n'a été fait. Personne au monde n'a eu connaissance de la cession faite par Dupin père des valeurs que la bienveillance publique avait destinées aux incendiés.

La cour de Bourges, par l'arrêt dont ci-joint copie, admit le système de Dupin père et consorts contre toute raison et l'évidence.

Les incendiés allaient suivre la marche qui leur était tracée par l'arrêt sus-mentionné et se proposaient d'adresser une requête au roi pour en obtenir l'autorisation exigée. Cette requête était déjà imprimée, mais des motifs graves les forcèrent à changer d'avis, ou plutôt à renoncer pour le moment aux poursuites commencées.

Le premier de ces motifs était que l'avocat au conseil leur demandait 1,200 francs pour les honoraires, et que les incendiés n'étaient pas en état de faire une telle dépense. Cependant ils auraient passé sur cette considération sans le second de leurs motifs qui me reste à vous faire connaître.

En août 1824, un sieur Frottier, notaire et maire à Varzy, parent de MM. Dupin, fit abattre ou permit que l'on abattît dans les bois de la commune plusieurs arbres qu'il fit transporter par ses laboureurs dans l'un de ses domaines et les employa à des constructions exécutées sur la propriété de ce maire. L'administration forestière informée de ce délit le fit constater dans les formes de droit, et les délinquans furent poursuivis à la requête de l'administration forestière devant le tribunal de Clamecy.

Il fut jugé, 1° en octobre 1824, que les domestiques de Frottier ayant agi par les ordres de leur maître étaient mis hors de cause.

2° Que les deux charpentiers de Frottier, qui avaient abattu et employé les bois, subiraient ainsi que les deux gardes forestiers chacun six mois de prison, et ils furent condamnés en outre à 3 ou 400 francs d'amendes, à 3 ou 400 francs de dommages et intérêts envers la commune de Varzy, et en outre le tribunal donna acte à M. le procureur du roi de Clamecy de la réserve qu'il se fe-

sait de poursuivre le maire de Varzy comme étant
le principal auteur du délit.

Ce jugement fut rendu et prononcé en audience
publique du 15 au 20 octobre 1824.

Le procureur du roi dut, en l'exécutant, user de
la réserve qu'il s'était faite de se pourvoir devant le
conseil d'état pour obtenir l'autorisation dont il
pensait avoir besoin pour poursuivre le maire de
Varzy ; mais le bruit se répandit bientôt que les
ministres Corbière et Peyronnet avaient refusé l'autorisation sollicitée, et que, même, ils avaient décidé
l'un et l'autre que Frottier resterait maire et notaire à Varzy. Sur cela je ne sais rien autre chose ,
que ce qui est dans la bouche de tout le monde ;
mais ce qui est certain, c'est que Frottier est resté
maire et notaire, et l'est encore aujourd'hui, quoique le drapeau national ait été arraché de dessus le
clocher de Varzy, où les habitans l'avaient arboré le
2 août 1830. Le brigadier de gendarmerie de Varzy
nommé Wanvermouth, qui en a fait l'enlèvement,
m'a dit à moi-même, lorsqu'il vint m'apporter l'an
dernier ma carte d'électeur, qu'il avait agi en cette
circonstance par ordre de Frottier.

Comme vous le penserez bien , Messieurs, cette
affaire occupa tous les esprits et donna lieu à une
foule de conversations, à une foule de propos qui
sont plus ou moins probables ; sans garantir les faits,
je vais les mentionner, en vous laissant le soin d'en
apprécier le mérite.

Le système de défense des deux charpentiers de
Frottier, devant le tribunal de Clamecy, fut de sou-
tenir qu'ils avaient agi de leur chef et sans en faire

part au maire de Varzy; enfin, pour tout dire en un mot, que c'était pour leur propre compte qu'ils avaient abattu, enlevé et fait conduire les bois sur la propriété de Frottier où ils les avaient employés à l'insu du maire. Ce système était absurde, car il fut prouvé aux débats que le transport de ces bois avait été fait par les voitures et les domestiques du maire, et par ses ordres, et c'est parce que ce fait fut prouvé que les domestiques furent renvoyés de la plainte et mis hors de cause. Le maire ne pouvait donc ignorer que les bois dont il s'agit provenaient des bois de la commune, indice suffisant pour établir que les charpentiers avaient agi ainsi que les domestiques par les ordres de Frottier. Quant aux deux gardes des bois communaux, ils firent défaut et laissèrent, ainsi que les charpentiers, acquérir à ce jugement l'autorité de la chose jugée; en s'abstenant d'en rappeler ou d'y former opposition, ils exécutèrent le jugement.

Les deux charpentiers et les deux gardes n'étaient ni les uns ni les autres en état de payer le montant des condamnations prononcées contre eux, et l'on a expliqué leur système de défense, leur silence et leur empressement à se soumettre au jugement du mois d'octobre, par une convention préexistante entre Frottier et les quatre condamnés; par cette convention, Frottier se serait engagé envers eux à payer lui-même de ses propres deniers, non seulment le montant des condamnations, mais encore de les indemniser pour le temps qu'ils devaient faire en prison. L'indemnité aux charpentiers aurait été fixée au paiment de leurs journées de travail qui,

dans le pays est de 2 fr. à 3 fr. par jour et par ouvrier ; et en outre pour les deux gardes, à chacun, une somme de 3,000 fr. pour les indemniser de la perte de leurs places de gardes forestiers, qui était en effet la conséquence inévitable de leur condamnation.

Quoi qu'il en soit, Messieurs, de l'opinion que je rapporte, et qui n'en est pas moins accréditée et fondée sur des faits qui paraissent concluans, surtout sur l'impossibilité où étaient les quatre condamnés de payer le montant des condamnations, opinion que je ne rapporte ici que pour ce qu'elle vaut, et sans aucune garantie de ma part. Les faits constatés judiciairement sont : 1° que les bois coupés dans la commune de Varzy, en août 1824, ont été transportés par les voitures et les domestiques de Frottier, maire de cette commune, sur l'une de ses propriétés ; 2° que les domestiques de ce maire ont été renvoyés de la plainte et mis hors de cause comme ayant agi par les ordres de ce maire ; 3° que les deux charpentiers et les deux gardes ont été condamnés à l'emprisonnement et à une forte amende, etc.; 4° que les condamnés ont subi le jugement sans opposition et sans appel ; 5° que la réserve du procureur du roi de poursuivre le maire de Varzy est restée sans effet : et l'on en donne pour motif le succès des démarches faites près le ministère Villèle, par MM. Dupin père, sous-préfet de Clamecy, et Dupin aîné, avocat à Paris.

Ce qui donne à l'opinion publique, sur les faits non constatés, toute l'apparence de la vérité, c'est que ni M. Frottier, ni M. Dupin ne peuvent ignorer rien de ce qui se dit à cet égard, et que je ne sache pas que ni MM. Dupin, ni M. Frottier se soient jamais occupés d'y donner un démenti, et qu'ils ont laissé jusqu'ici à la rumeur publique suivre son cours naturel.

Messieurs, si je suis entré dans tous ces détails de l'affaire des bois de Varzy, c'est qu'alors même que l'opinion publique se serait égarée sur les causes qui auront arrêté la marche de la procédure que l'administration forestière et le ministère public s'étaient réservée, par le jugement précité, d'intenter contre le sieur Frottier, comme principal auteur du délit forestier, une action correctionnelle, cette opinion était si puissante, et d'ailleurs si vraisemblable, que les incendiés ont pensé et ont dû penser que si, sous le ministère Villèle, l'administration forestière et le ministère public ont échoué pour obtenir l'autorisation du conseil d'état; eux, incendiés pauvres et sans appui, succomberaient à plus forte raison contre le père Dupin, sous-préfet de Clamecy, et ses trois fils, demeurant à Paris, où ils exerçaient toute l'influence de leur talent et de leur fortune, d'autant plus que l'opinion publique les a affiliés à tort ou à raison aux jésuites.

Tels sont, Messieurs, les motifs qui ont déterminé les incendiés à suspendre leurs poursuites jusqu'à ce jour, et à attendre un temps meilleur. Ils espèrent aujourd'hui que le jour de la justice se lèvera enfin pour eux.

Avant d'arriver à ma conclusion, Messieurs, je dois vous citer encore un fait judiciaire qui mettra dans tout son jour le système de persécution qui me poursuit dans l'arrondissement de Clamecy, surtout depuis que j'ai cédé aux prières de mes do-

mestiques, de prendre leur défense et de leur faire
obtenir la justice que je pense leur être due.

Dans leur cause, il avait été jugé par le tribunal
de Clamecy, comme il le fut à Bourges, qu'une
autorisation du conseil d'état était nécessaire. Je
chargeai l'huissier Langlois, du canton de Varzy, de
former l'acte d'appel de ce jugement. Deux jours
après, cet huissier vint dans mon cabinet, où j'étais
seul avec mon secrétaire, et il me dit que le receveur de l'enregistrement de Varzy lui demandait
231 francs pour enregistrer l'original. Je lui ob-
servai que cela n'était pas possible, puisqu'il n'y
avait que trois intimés, et qu'il n'était dû que trois
droits ordinaires qui ensemble ne pouvaient excé-
der 9 ou 10 francs. « Dans tous les cas, ajoutai-je,
rapportez-moi l'original, et je vous rembourserai
l'enregistrement tel qu'il soit. Cet huissier savait
que le dossier de la cause était dans mon cabinet,
et il me le demande en communication ; ce que je
fais sans méfiance. Mais, au lieu de me le rendre,
il le met dans sa poche. Je lui en fis l'observation,
et je l'invitai à me le rendre. J'eus alors besoin de
sortir, et je laissai l'huissier dans mon cabinet avec
mon secrétaire. Pendant ma courte absence, l'huissier avait ouvert la fenêtre de mon cabinet, qui est
de douze pieds au-dessus du sol, s'était précipité
dans mon jardin, et avait emporté mon dossier.
J'écrivis à M. le juge de paix pour qu'il me le fît
rendre. Ce magistrat me répondit sur-le-champ
que cela regardait le procureur du roi. J'écrivis au
procureur du roi non pas pour me plaindre, mais
simplement pour réclamer mon dossier, et, en ef-

fet, il me fut rendu le dimanche suivant avec l'original de l'appel, qui n'avait pas coûté 231 francs d'enregistrement, mais 11 francs seulement. Sur cette lettre assurément très innocente, et motivée sur le besoin que j'avais de ce dossier, le procureur du roi me fait un procès qui sera toujours la honte des juges de cette époque.

J'étais si convaincu que ce nouveau procès était tout à la fois un acte d'iniquité, un acte de haine, que je résolus d'abord de ne point aller à l'audience et de me laisser condamner par défaut. J'en fis la déclaration positive dans le mémoire imprimé dont un exemplaire ci-joint, et dont je couvris tout le département; mais mes amis me firent revenir sur ma résolution, en me disant que mes adversaires, aveuglés comme ils l'étaient par la haine et la passion, feraient nécessairement quelques grosses sottises qui mettraient cette haine et cette passion dans toute son évidence. Ce que mes amis avaient prévu ne manqua pas d'arriver.

D'abord je remarquai que la gendarmerie en grande tenue était commandée de service, ainsi que le commissaire de police qui se tenait toujours près de moi. Je n'entrai dans la salle des séances qu'alors qu'on vint me prévenir que ma cause était appelée, et je me plaçai à côté de mon avocat. Deux gendarmes, qui m'avaient suivi du dehors, vinrent se placer derrière moi et dans le couloir par lequel les avocats et les avoués arrivent dans leurs bancs, et la porte d'entrée fut fermée. En outre, je remarquai des signes d'intelligence entre le procureur du roi, et les gendarmes, et le commissaire de po-

lice qui était aussi derrière moi. J'étais donc gardé
à vue; ma défense était donc sans liberté. Mais ce
qui fixa tout-à-fait mon opinion sur le sort qu'on
me réservait, c'est que le tribunal, pour se com-
pléter, avait pris pour troisième juge un avocat du
barreau de Clamecy, neveu du père Dupin, cousin-
germain des trois Dupin, et que tout Clamecy dit
avoir commandé les quarante individus qui, dans
la nuit du 17 au 18 février 1816, avaient forcé en
armes, à deux heures du matin, l'auberge Bourbon
où j'étais couché et malade, et qui, introduits
dans la maison, demandèrent à l'aubergiste où
était ma chambre; ce que l'aubergiste refusa de dire.
Quatre individus de la bande s'étaient mis en me-
sure de parcourir la maison. Les cris de l'aubergiste
épouvantèrent ces *braves* d'une nouvelle espèce, et
les cris d'une femme les mirent tous en déroute.

L'individu qui à Clamecy est considéré comme
le chef de ces braves se nomme Tenaille l'avocat,
le cousin-germain de M. Dupin aîné, le même que
M. Dupin aîné avait nommé sous-préfet, d'abord à
Château-Chinon, puis à Clamecy. Mais l'opinion
publique fut si indignée de ces deux nominations
successives, que Tenaille n'osa pas venir occuper
l'une ou l'autre sous-préfecture (1). En conscience,
je ne pouvais pas accepter pour juge le neveu de
M. Dupin, parce que j'ai la conviction que Langlois

(1) Lorsque les journaux annoncèrent que M. Tenaille l'avocat
était nommé sous-préfet de Clamecy, toute la population décida
qu'elle irait tous les jours au-devant de la voiture publique, qu'elle
forcerait ce Tenaille à donner sa démission, et que, s'il s'y refusait,
l'entrée de la ville lui serait fermée. Et M. Tenaille est resté à Paris.

en prenant mon dossier dans mon cabinet, et en s'enfuyant avec par la fenêtre, n'avait pas agi de son propre mouvement; il n'avait aucun intérêt personnel dans l'affaire; il avait au contraire un intérêt positif à conserver ma clientelle qu'il sollicitait depuis trois mois, que je lui avais accordée. En raison de mes grandes affaires d'agriculture et de commerce, elle est certainement l'une des meilleures et des plus sûres du canton de Varzy.

Il n'en est pas de même de M. Dupin père qui passe pour l'un des plus habiles praticiens de l'Europe, et la preuve qu'il est habile, c'est qu'il a aujourd'hui cinquante années de fonction publique, sans avoir jamais quitté la scène, et que ses trois fils disent qu'il a été leur premier maître, comme ils l'ont annoncé publiquement dans plusieurs de leurs ouvrages et dans plusieurs de leurs discours. Si donc M. Dupin père avait pu m'escamoter, par les mains de l'huissier Langlois, et sans que je m'en aperçusse, le dossier de mes domestiques incendiés, c'eût été un incident, d'abord interminable dans l'affaire; je n'aurais pas pu prouver que mon dossier m'avait été volé : plus de possibilité de continuer les poursuites; mais ce qu'il y avait de plus grave dans l'affaire, c'est que les délais pour l'appel expiraient dans quelques jours, et que, selon toute probabilité, cet appel n'aurait pu être formé, et dès lors le jugement de Clamecy qui condamnait les incen-

---

Dupin aîné l'a envoyé depuis receveur des finances à Thionville où il est maintenant, et la Nièvre en est débarrassée. J'avertis cependant le ministère que je trouve M. Tenaille un peu trop près des alliés de Henri v.

diés contradictoirement sur la compétence, et par
défaut au fond, devenait définitif, et mes malheureux incendiés se trouvaient privés des bienfaits de la charité publique, et tout restait entre
les mains de Dupin père et consorts.

Le prétexte de Langlois pour venir dans mon
cabinet, dans la matinée du 15 mars, lui fut
nécessairement suggéré, et il est impossible que
ce prétexte lui ait été suggéré par aucun autre que
par celui à qui il importait, par dessus tout, que le
dossier disparût : *is fecit, cui prodest.* C'est là un
axiôme de droit incontestable. Or, je le répèle,
Langlois n'avait aucun intérêt, il avait un intérêt
contraire; mais le vieux praticien Dupin avait un
intérêt positif à ce que mon dossier me fût enlevé.
Donc c'est lui qui l'a fait enlever, et qu'il a eu pour
complices de cette manœuvre infernale les procu-
reurs du jésuitisme sous l'empire de la légitimité,
parmi lesquels il faut distinguer un nommé Pérève,
ami des avocats Dupin, fils du juge d'instruction de
Cosne, ami du père Dupin et praticien comme lui;
et si le père Pérève ressemble au père Dupin, le
fils Pérève, que l'on a baptisé le Fouquier-Tainville
de Clamecy, a bien aussi quelques analogies avec
les trois fils Dupin.

Mais, Messieurs, j'ai encore d'autres considéra-
tions morales qui vous convaincront, je l'espère,
que ce sont bien MM. Dupin et Pérève qui ont
fait agir Langlois. La première de toutes, c'est que
M. Pérève, procureur du roi à Clamecy, fit une
apparence d'instruction contre Langlois en vertu

de ma lettre du 15 mars, qui n'avait d'autre but que de réclamer le dossier enlevé et nullement de porter plainte contre Langlois, encore moins de demander une instruction judiciaire; en un mot et pour tout dire, que l'on me rendît le dossier des incendiés. Ma lettre, que je vous remets sous les yeux est textuelle à cet égard : l'apparence d'instruction requise par Pérève n'avait donc d'autre but que d'obtenir une ordonnance de non lieu à poursuivre, et cette ordonnance obtenue, me voilà cité devant le tribunal comme calomniateur, sans que cette ordonnance m'ait été communiquée ou signifiée, sans que je sache même les témoins qui ont été entendus, à l'exception de mes domestiques, de ma femme et de moi; enfin sans que je sache les détails de cette procédure faite dans les ténèbres.

La justice de ce temps-là croyait qu'on pouvait égorger un homme impunément dans son lit. A l'audience dont je parlais tout à l'heure, et où j'étais gardé à vue par la gendarmerie et le commissaire de police, je me proposais bien, avant de plaider au fond, de demander communication de cette singulière procédure ; et si je n'ai pas dit un mot à cette audience, c'est que j'avais acquis la certitude que le tribunal aurait profité de mes moyens mêmes de défense pour me faire arrêter dans l'intérieur de l'audience et me faire conduire ignominieusement en prison par les forces mêmes qu'ils avaient préparées à cet effet. C'est dans ce but qu'on avait appelé, pour mon troisième juge, l'avocat Tenaille, neveu et cousin des Dupin. Toute la clique avait pensé que je récuserais ce juge postiche en face. La clique aurait

considéré cela comme une irrévérence, manque
de respect, insulte au tribunal, et j'étais coffré
sur-le-champ, nonobstant appel ou opposition,
comme il arriva jadis au bàilliage de Saint-Pierre-
le-Moutier, autre ville de la Nièvre, célèbre
pour ce fait. Un habitant du pays fut pendu, nonobstant appel ou opposition quelconque. Cela
n'eût pas été étonnant; il y a maintenant environ
vingt-six ans que l'inspecteur forestier de l'arrondissement de Clamecy fut condamné à quinze jours
de prison qu'il a subis pour avoir écrit sur le dos
d'une lettre : RENVOYÉ A SON AUTEUR, JE NE VEUX PAS
OUVRIR. Cette lettre était écrite comme on l'a su
depuis par l'oncle de M. Dupin aîné; et cette mi-
sérable affaire, qui avait une cause si minime et si
innocente, n'en a pas moins coûté, outre les quinze
jours de prison, 10,000 francs d'amendes et de frais
au plus honnête homme de l'arrondissement de
Clamecy; et cet honnête homme, chose si rare
parmi les fonctionnaires publics, s'appelait Chevallier de la Genissière; le fait est constaté au greffe
du tribunal de Clamecy dont l'oncle de M. Dupin
était alors greffier.

Je suis sûr du fait, car c'est moi-même qui ai
fait les fonds nécessaires pour éviter à M. Chevallier
la prison indéfinie à laquelle un arrêt de la cour
royale de Paris, sous la présidence de Séguier,
l'avait condamné en cas de non paiement.

Et le beau-frère de Dupin père est resté impuni.
C'est le cas de dire avec Jeannot : QUE CE SONT LES
BATTUS QUI PAYENT L'AMENDE.

Je cite ce fait judiciaire et j'en pourrais citer mille

et mille autres, parce que M. Chevallier est né à Saint-Pierre-le-Moutier. Telle est la justice qui exerce sa puissance sous la direction de MM. Dupin ; je n'appelle pas cela de la *justice*, j'appelle cela de la tyrannie dans toute sa force. Je vais plus loin : les trois juges du tribunal de Clamecy ont été convaincus devant la cour de Bourges de prévarications énormes. La cour de Bourges avec sa mansuétude ordinaire se contenta de censurer avec des modifications pour chacun des juges les actes de friponnerie judiciaires les plus incompréhensibles (1), qui ont donné au neveu du président de ce tribunal, arrivé nu pieds à Clamecy, dans son exercice d'avoué de huit à dix ans, 50,000 livres de rentes et les plus belles propriétés de l'arrondissement, mais qui ont aussi ruiné mademoiselle Lardemelle ma voisine, propriétaire de la plus belle terre du département de la Nièvre. Cette demoiselle, qui est ma voisine de campagne, habite maintenant une chaumière, et y vit à peu près des secours de la bienveillance publique.

Les MM. Dupin père et fils savent très bien que le père de cette demoiselle fut guillotiné le 27 ventôse an ii, que le père Dupin était témoin à charge devant le tribunal révolutionnaire, et que douze habitans de Clamecy furent condamnés à mort. On aurait peut-être pardonné aux fils Dupin la conduite de leur père en 93 et 94 ; mais ils ont assumé sur leur tête par leur conduite morale et politique tout ce qu'il y a de honteux, oserais-je dire de criminel dans la conduite de l'auteur de leurs

(1) A cet égard voir l'arrêt.

jours. Je le dis à regret : ils sont devenus, à mes yeux, les complices de l'assassinat de mon oncle ; je les considère aussi comme les auteurs de quatre tentatives d'assassinat faites sur ma personne et sur ma famille. Je les défie ici devant vous, Messieurs, de nier les faits. La lumière ne sortira point de la cave de M. Dupin, mais elle sortira de la terre qui couvre les cendres de ma famille.

Messieurs, je somme ici devant vous, devant la France, devant l'Europe, devant l'histoire, si jamais le nom Dupin peut aller jusque là, tous les Dupin du monde de répondre aux treize questions de mon pamphlet électoral, et lorsque ces treize questions seront répondues, j'en ferai treize autres à MM. Dupin. Ce chiffre est heureux; c'est le chiffre de la trahison; et tous les traîtres n'étaient pas en Judée. Mais ils ont des successeurs qui vendraient leur pays pour trente oboles. Les Dupin sont-ils dans ce cas-là? C'est ma quatorzième question.

Messieurs, excusez le désordre de mon style, en ce que je me suis trouvé forcé de me servir d'une langue qui n'est pas la mienne, ou autrement, de la langue des avocats. Je ne suis pas cause que cette langue, comme le disait l'auteur de *Charles IX*, est la langue de la barbarie. Je pense cependant que Mercier avait assez d'esprit et assez d'érudition pour connaître une langue encore plus barbare ; il aurait pu choisir entre celle des médecins et celle des théologiens.

Comme pièce à l'appui de cette pétition, je vous remets ci-joint l'arrêt de la cour de Bourges, du

28 août 1827; si vous pouvez le lire seulement,
vous aurez bien mérité de la patrie.

Je vous le demande, Messieurs! si le père Dupin
avait eu ses mains nettes, se serait-il couvert de ce
manteau de l'impunité, consacré par la constitution
de l'an VIII? n'aurait-il pas dû, s'il était homme
d'honneur, venir de lui-même rendre compte aux
incendiés du mandat qu'il s'était donné? Ce n'était
pas seulement un devoir qu'il avait à remplir : il
faut encore qu'il rende ses comptes par la raison de
la morale publique; il faut qu'il les rende, sous
peine de passer toujours pour un fripon. J'invoque
ici, devant vous, le Décalogue : Non furáberis; TU
NE VOLERAS POINT.

CONCLUSION.

Je vous demande en mon nom personnel, et au
nom des sept incendiés dont je suis le mandataire, une
loi qui abolisse à toujours, en France, l'article de la
constitution de l'an VIII, qui a rendu tous les fonctionnaires publics *impunissables*, afin que M. Dupin père soit puni de la SPOLIATION des valeurs
qui appartenaient à mes domestiques.

La chose est devenue tout-à-fait nécessaire! J'en
donne une preuve évidente. Au mois de novembre
dernier, j'étais chez le sous-préfet de Clamecy; ce
sous-préfet se nomme Delamarre, et c'est M. Dupin qui nous en a gratifié : je lui fesais très tran-
quillement quelques observations sur sa conduite
administrative : il me saisit au collet, ou autrement

il *m'empoigna*, en me disant : Je vous f......i par la fenêtre : VOUS ÊTES UN LACHE. Toute l'Europe militaire sait pourtant que cela n'est pas vrai ; et ce propos, qui ne peut sortir que de la bouche d'un polisson, doit vous convaincre, Messieurs, dans quel esprit, les MM. Dupin ont organisé nos autorités locales, et ce propos d'un polisson, m'a été dit en présence de dix personnes. *Ab uno disce omnes*, et vous les connaîtrez tous.

Je vous demande donc encore une fois une LOI qui mette mes cheveux blancs à l'abri de pareilles injures, et qui me préserve aussi des coups de pieds du *juste milieu* ; j'aimerais mieux ceux de l'âne dans le *Lion mourant* de notre incomparable La Fontaine.

Outre l'arrêt de la cour de Bourges que je vous remets en forme authentiques, je vous remets sous les n⁰ˢ 1, 2, 3, 4, 5, 6, 7, 8 et 9, plusieurs imprimés, que je défie les MM. Dupin d'attaquer, par la raison que, malgré les réquisitoires du ministère public, les juges, même, du jésuitime, ont cependant maintenu, et malgré tout le talent des avocats Dupin.

Le lieutenant-général ALLIX,
Fondé de pouvoirs de ses domestiques incendiés.

P. S. Je supplie M. le président de la chambre de vouloir bien réunir à la présente pétition celle que j'ai adressée à la chambre sous la date des 25 et 26 juillet dernier, et les deux imprimés qui étaient joints à cette dernière. Au fond, ces deux pétitions n'en font qu'une seule et même.

www.ingramcontent.com/pod-product-compliance
Lightning Source LLC
Chambersburg PA
CBHW060750280326
41934CB00010B/2435

* 9 7 8 2 0 1 3 7 5 7 9 9 7 *